Donaustaufer Str.
Alte Nürnberger Str.
Holzgarten
Regen
Bayerwaldstr.
Steinweg
Dreherg.
Further Str.
8
Frankenstr.
Wasser- und Schiffahrtsamt
Post
Am Europakanal
Dultplatz
Dreherg.
Protzenweiher-brücke
Bäckerg.
Am Protzenweiher
Gräßl-str.
Auf der Grede
Polizei
Stadtamhof
Stadtamhof
St. Mang
Pfaffensteiner Weg
Andreasstr.
Am Gries
Grieser Steg
12
Lieblstr.
Lieblstr.
Badstr.
Steinerne Brücke
10
Am Beschlächt
Wöhrdstr.
Unterer Wöhrd
Maffeistr.
Wöhrdstr.
Werftstr.
9
Inselstr.
Keplerstr.
1
5
8
7
Thundorfer Str.
Eiserne Brücke
Donaumarkt
Donaulände
Altes Rathaus
Rathaus-Platz
11
Unter den Schwibbögen
Porta Praetoria
Niedermünster
Weing.
Haid-platz
4
dwigstr.
Krauterer Markt
Dom St. Peter
Domplatz
2
Ostengasse
Kapuz. Gasse
Ehem. Königliche Villa
Villastr.
11
11
Unt. Bachgasse
Wahlenstr.
Tändlerg.
Kapelle Maria Läng
Post
Kornmarkt
Gesandtenstr.
Gutenberg-Platz
Alte Kapelle
Bertoldstr.
Polizei
Museum
Ostengasse
6
Schw. Bären Str.
Dachau-Platz
Prinzenweg
August.-Platz
Obere Bachgasse
Malerg.
M.-Lilien-Str.
Dr.-Wunderlestr.
Dr.-Martin-Luther-Str.
Minoretenweg
Neues Rathaus
Sedanstr.
Reichsstr.
Klinik
Emmerams-Platz
Obermünsterstr.
Königsstr.
Maximilianstr.
Von-der-Tann-Str.
Ostenallee
Gabelsbergerstr.
3
St. Emmeram
Obermünster-Platz
Grasgasse
Castra Regina
St.-Peters-Weg
Fuchsengang
Landshuter Str.
Richard-Wagner-Str.
Fürstl. Schloss v. Thurn u. Taxis
Luitpoldstr.
Sedanstr.
J.-Kepler Denkmal
Fürst-Anselm-Allee
Maximilianstr.
Sternbergstr.
Weißenburgstr.
Albertstr.
Albertstr.
Hemauerstr.
Bahnhofstr.
ahnhofstr.
Post
Hauptbahnhof
15
Hemauerstr.

Stürtz REGIO

# REGENSBURG

Texte von
Hermann Weiß

Bilder von
Hanno Meier

*Einband Vorderseite: Oben: Regensburg, die Stadt und der Fluss.*

*Unten links: Spezialität: Echte Regensburger.*

*Unten Mitte: Fürstlicher Glanz im Ballsaal von Schloss Emmeram.*

*Unten rechts: Der Mathematiker und Astronom Johannes Kepler.*

*Einband Rückseite: Die Walhalla bei Donaustauf.*

*S. 4/5: Das Museumsschiff »Ruthof/ Érsekcsanád«.*

*S. 8/9: Ausblick auf die Altstadt aus der Vogelperspektive.*

# Die Autoren:

**Hermann Weiß**, geboren 1957, studierte nach seinem Abitur Rechtswissenschaften an der Universität Regensburg und arbeitet seit 1987 für die Lokalredaktion der Mittelbayerischen Zeitung; Ressorts: Modernes Leben/Stadt und Kultur.

**Hanno Meier**, geboren 1959 in Deggendorf, studierte Geografie, Geologie und Fotografie an den Universitäten Regensburg und Boulder/USA. Von 1989 – 1998 war er als Redakteur und Fotograf für die Regensburger Lokalzeitung »die Woche« tätig. Hanno Meier arbeitet als freischaffender Journalist in Regensburg.

# Impressum

Bildnachweis:
Archiv für Kunst und Geschichte, Berlin:
S. 22 unten; S. 34 Porträt Don Juan de Austria;
S. 35 alle Abbildungen.
Reproduktion mit Genehmigung des Staatlichen Hochbauamtes der Stadt Regensburg: S. 42 unten, Domkreuzgang; S. 47 großes Bild, St. Ulrich.
Musikgymnasium der Regensburger Domspatzen:
S. 40 alle Abbildungen.

Die Deutsche Bibliothek – CIP-Einheitsaufnahme
**Regensburg** / Hanno Meier (Fotograf)
Hermann Weiß (Autor) –
Würzburg: Stürtz 1999
(Stürtz Regio)
ISBN 3-8003-1400-2 / Hardcover
ISBN 3-8003-1401-0 / Softcover



Lektorat: Elisabeth Glotzmann, Würzburg
Buchgestaltung: Förster Illustration & Grafik, Würzburg
Liniennetzplan: Mit freundlicher Genehmigung des Regensburger Verkehrsverbundes
Karte: Theiss Heidolph, Eching am Ammersee
Repro: Atelier Hofmüller, Linz
Druck und Verarbeitung:
Universitätsdruckerei H. Stürtz AG, Würzburg

ISBN 3-8003-1400-2 / Hardcover
ISBN 3-8003-1401-0 / Softcover

# INHALT

# WELTKULTURSTADT IM MITTELALTERLICHEN GEWAND

*Der Fluss war und ist eine der Lebensadern der Stadt.*

„Da läuft noch viel Wasser die Donau hinunter«, sagen die Regensburger, wenn sie von der Zukunft reden und davon, wie sich die Dinge vielleicht entwickeln. Der Fluss hat für die Entwicklung der Stadt eine nicht unerhebliche Rolle gespielt. Er hat das Denken und das Handeln bestimmt und ist so zum Sinnbild geworden. Die ersten, die die Lage am Donauknie für sich entdeckten, waren die Kelten um 500 v. Chr. Ihnen folgten 179 n. Chr. die Römer, die im Lager »Castra Regina«, am nördlichsten Punkt der Donau, einen vorgeschobenen Grenzposten errichteten.

## Von 550 bis 1245 war Regensburg die Hauptstadt Bayerns,

danach Freie Reichsstadt und, als Sitz des »Immerwährenden Reichstags«, ein Mittelpunkt der damaligen Welt. »Keine Stadt ist berühmter«,

heißt es in einer Handschrift aus dem 11. Jahrhundert. Die Lage am Fluss begann, sich auszuzahlen. Regensburger Kaufleute beherrschten den Fernhandel, die Stadt kam zu Ansehen und Wohlstand: 1145 begannen die Arbeiten an der Steinernen Brücke, Mitte des 13. Jahrhunderts die am Dom. Seither ist viel Wasser die Donau hinuntergelaufen. Und das Schwierige ist, einen Weg zu finden zwischen Alt und Neu, zwischen Gestern und Morgen.

*Leben in einer alten Stadt: Für die Neugestaltung seiner Plätze bekam Regensburg den Deutschen Städtebaupreis.*

Als sich im Sommer 1995 die Bagger in den Neupfarrplatz gruben, ärgerten sich die Regensburger wie immer über den Lärm, die Baugruben und das Chaos mitten in der Stadt. Nichts Neues, eigentlich, die Maßnahme selbst nicht mehr als eine Fortschreibung des Programms zur Neugestaltung der öffentlichen Straßen und Plätze. Zwei Jahre später waren die Arbeiten immer noch nicht abgeschlossen.

So ist das in Regensburg, wenn man anfängt zu graben, auch wenn man »nur« ein neues Pflaster legen will. Ans Tageslicht kamen die Reste der im 16. Jahrhundert zerstörten Judenstadt. Dazu: die Fun-

damente der gotischen und einer romanischen Synagoge. Sensationell, jubelten die Archäologen. Und die Stadt stand wieder einmal vor der Frage, wie sie umgehen soll, mit ihrem schier unerschöpflichen historischen Erbe.

## Zwei Jahrtausende sind in Regensburg zu entdecken.

Die Gründungsurkunde der Stadt, eine in Stein gehauene und in Teilen erhaltene Bauinschrift aus dem Römerlager, ist die älteste in Deutschland. Die Grabplatte der Sarmannina aus dem späten 4. oder frühen 5. Jahrhundert deutet darauf hin, dass die Christianisierung Bayerns von Regensburg ausgegangen ist.

In Regensburg steht »Kirche gegen Kirche, Stifft gegen Stifft«, schreibt Johann Wolfgang von Goethe 1786 in sein Tagebuch. Neben dem Dom St. Peter, einem Hauptwerk der Gotik in Süddeutschland, ist es eine Reihe weiterer Sakralbauten, die die Aufmerksamkeit auf sich zieht. St. Emmeram, voll mit Kunstschätzen und Grabstätten berühmter Persönlichkeiten, stammt aus vorromanischer Zeit, das Schottenportal mit dem Bilderrätsel zum Weltgericht ist romanisch. Die Ulrichskirche, eine fürstliche Hofkapelle, stammt aus der Frühgotik und die Alte Kapelle, Pfalzkapelle des Kaisers Ludwig des Deutschen, gilt als »göttliches Schatzkästlein« und Rokoko-Juwel.

***Oben: Die in Stein gehauene Gründungsurkunde der Stadt aus der Römerzeit (links), daneben: St. Ulrich. Die ehemals fürstliche Hofkapelle beherbergt heute das Diözesanmuseum.***

***Die Bilderrätsel am Schottenportal, eine Botschaft aus dem Mittelalter.***

***In der »Neuen Waag« scheiterte nach fünf Jahren im März 1546 das Religionsgespräch zwischen Dr. Johannes Eck und Philipp Melanchthon zur Einigung von Katholiken und Protestanten.***

***Rechts: Die Jüdische Gemeinde Regensburg hat nach dem Holocaust zu einem neuen Selbstverständnis gefunden. Der Jüdische Friedhof ist Teil des Stadtparks.***

Die gesamte Regensburger Altstadt steht heute unter »Ensembleschutz« und unter den insgesamt 1400 eingetragenen Einzeldenkmälern sind beileibe nicht nur Kirchen. Die Steinerne Brücke, als »achtes Weltwunder« bestaunt, und das gotische Alte Rathaus gehören dazu wie die Patrizierburgen, das Fürstliche Schloss und die klassizistischen Hinterlassenschaften des Carl von Dalberg und seines Lieblingsarchitekten Emanuel d'Herigoyen am Bismarckplatz.

## Geschichte ist auch, was man nicht sieht, was daliegt, unter Tonnen von Kulturschutt,

und, wenn man Glück hat, doch irgendwann zum Vorschein kommt wie die Geschichte der Regensburger Jüdischen Gemeinde, die man nun, Schritt für Schritt, neu entdeckt. Die Talmudschule des Hochmittelalters – ein geisteswissenschaftliches Zentrum von Rang in Europa. Das »Buch der Frommen« des Regensburger Rabbiners Juda he-chasid – ein Werk von Einfluss, das die jüdische Ethik revolutio-

nierte. Regensburg, die Bischofsstadt – eine »Heilige Gemeinde« des Judentums …! Man hatte es verdrängt und dann vergessen. Er habe, so der Schriftsteller Werner Bergengruen, manchen Tag an diese Stadt gesetzt – »ich wollte, ich könnte ein Jahr an sie setzen, ein Jahrzehnt oder ein Leben.« Regensburg steckt voller Überraschungen und längst sind nicht alle ans Tageslicht gekommen – im wahrsten Sinne des Wortes.

Vor rund 40 Jahren hat man hier eine Grundsatzentscheidung getroffen. Der historische mittelalterliche Stadtkern ist im Krieg praktisch unversehrt geblieben. Doch was heute als Glücksfall angesehen wird, empfand man damals als drückende Last. Die Bausubstanz in der Altstadt war marode, die ehemals stolzen Häuser heruntergekommen, die Wohnverhältnisse – unter hygienischen Gesichtspunkten, aber auch, was die Wohndichte betrifft – katastrophal. Während überall im Land mit dem Wiederaufbau auch das Leben neu erwachte, war die Stadt klamm, morbide und voller Tristesse. 1955 fiel in einer Patrizierburg in der Keplerstraße das Treppenhaus in sich zusammen, 90 Menschen blieben wie durch ein Wunder unverletzt. So konnte es nicht weitergehen. Die Altstadtsanierung, die daraufhin in Angriff genommen wurde, beendeten einen unseligen Dornröschenschlaf. Von nun an ging es darum, das »Stadtdenkmal« zu erhalten und wieder zu beleben. Das Projekt ist bis heute nicht abgeschlossen. Aber: Es hat sich als Katalysator erwiesen für ein neues »Altstadtgefühl«.

Die Steinerne Brücke zum Beispiel wurde 1997 nach einem Bürgerbegehren für den Autoverkehr gesperrt. Ein eigens gegründeter Verein rettete das Velodrom: Die ehemalige Radrennbahn, eine Art multifunktionale Halle hinterm Arnulfsplatz, war seit dem 19. Jahrhundert bis zur vorläufigen Schließung vor dem

Ersten Weltkrieg ein Mittelpunkt des gesellschaftlichen Lebens gewesen und sollte abgerissen werden. Der letzte »große« Anschlag auf die Altstadt konnte in den 70er Jahren abgewendet werden. Der Vision einer »autogerechten Stadt«, von Schreibtischtätern bis zur Planungsreife vorangetrieben, setzten die Regensburger mit dem »Bürgerfest« eine neue Vorstellung von urbanem Leben entgegen, in der für Autos schließlich kein Platz mehr wäre. Geselligkeit bei Essen und Trinken, Musik und Theater unter

***Oben: Die Regensburger lieben ihre Stadt. Sie feiern die Wahrzeichen, wie hier beim Brückenfest, und die eigene Lebensfreude, zum Beispiel auf der Dult. Im sanierten Altstadtkern findet man mondäne Wohnungen (unten).***

freiem Himmel. Damals eine Sponti-Veranstaltung, hat das Bürgerfest heute den Charakter eines Events, mit einer Ausstrahlung weit über Regensburg hinaus: Rund 300 000 Menschen versetzen alle zwei Jahre die Stadt an den Rand des Ausnahmezustands.

## Die ganze Altstadt ist im Grunde heute eine Bühne.

In der warmen Jahreszeit, von Mai bis September, ist in Regensburg jeder Tag ein Fest. Gassen und Plätze sind voller Menschen, die lauen Nächte durchzieht eine Stimmung, wie man sie aus dem Süden kennt: Savoir-vivre. Leben und leben lassen. Empfehlung für Müßiggänger und Flaneure: ein Bummel durch die Regensburger Cafés, Kaffeehäuser und (Espresso-)Bars, je nach Sonnenstand und persönlicher Präferenz. Freunde der Altwiener Tradition kommen im »Goldenen Kreuz«, wer's französisch mag, im »Orphée«, die Italophilen im »Palletti« oder in der »Cafébar« garantiert auf ihre Kosten.

Ihr neues Altstadtgefühl und ihre Lebensart zelebriert die Stadt mittlerweile in einer ganzen Reihe von Festivals, von der Stummfilm-Woche über die Tage Alter Musik bis zum Villapark-Fest, dem Rock- und Pop-Festival der lokalen und regionalen Szene. Das »Regensburger Jazz-Weekend« gehört mit zu den ersten Adressen im bundesdeutschen Jazz-Circuit. Gedacht als Bühne für Amateure, bündelt es die Entwicklung im zeitgenössischen Jazz und der Musik der Nachbarländer, vom Dixie bis zur Avantgarde, 1997 spielten 430 Musiker in 89 Bands bei 95 Auftritten an elf Spielorten.

***Regensburger Sommertheater: Wenn es warm wird, pulsiert das Leben; auch, wer es ruhiger mag, findet seine Nische, wie hier auf der (Dach-)Terrasse des Restaurants »David« (oben rechts). Die Donauinseln sind ein Tummelplatz für die Jungen und jung Gebliebenen (rechts).***

***Das im Gegensatz zur Freien Reichsstadt immer schon bayerische Stadtamhof hat sich seinen dörflichen Charakter bewahrt.***

Jüngstes Kind einer blühenden Festival-Kultur ist der »Regensburger Kultursommer«. Alle zwei Jahre, 1999 zum zweiten Mal, gibt es internationale Stars, einheimische Künstler und Bühnenprojekte wie das »Dollinger-Spiel«, die Aufarbeitung der Legende um den Bürger Dollinger, der die Stadt aus den Fängen des Bösen befreit. So traumhaft wie die Darbietungen (von der Oper bis zum Stummfilm) ist die Kulisse. In den Sommermonaten sitzen 1100 Zuschauer in Regensburgs guter Stube, zwischen Kaiserherberge und »Neuer Waag« auf dem Haidplatz.

Die alte Stadt ist wieder jung. Das verdankt sie auch – den Studenten. 20 Jahre lang, von 1945 bis 1965, hatten die Regensburger um die vierte Landesuniversität gekämpft. Heute weiß man:

## Es hat sich gelohnt. Mit den Studenten kam ein frischer Wind,

vor allem die darniederliegende Kulturszene wurde kräftig durchgeblasen. Aus Porno- wurden Programmkinos. Das Theater am Haidplatz, eine Filiale der Städtischen Bühnen, firmiert als Studio- und Werkraumbühne, das »Statt-Theater« macht Kabarett. 1973 eröffnete die erste Galerie für zeitgenössische Kunst, andere folgten. Eine »kunstzeitung«, führend in Deutschland, wird in Regensburg gemacht.

Neben der Klassik und dem Jazz im »Leeren Beutel« konnte sich in Regensburg in den letzten Jahren endlich auch eine alternative Musik-Szene entwickeln. Ihr Mekka ist die Kunst- und Kulturfabrik »Alte

***Fester Bestandteil des Regensburger Kulturkalenders ist das »Jazz-Weekend« im Sommer. Gespielt wird auf öffentlichen Plätzen, in intimen Hinterhöfen und nachts, bei zahllosen Sessions, in Kneipen und Bars, zum Beispiel im »Leeren Beutel« (unten).***

*Eines der schönsten Entrees in die Altstadt: Der kopfsteingepflasterte Weg durch die Gesandtenstraße über den Neupfarrplatz zum Dom.*

Mälzerei« zwischen Altstadt und Universität, auf dem Galgenberg. Mit der »Neuen Heimat« hat die Stadt jetzt auch einen respektablen Techno-Club. Die Kultur, sagen Regensburgs Stadtplaner, ist neben der Gastronomie die »Leitnutzung« für die Altstadt. Das Signal ist angekommen, auch die Kultur-Industrie hat Regensburg für sich entdeckt. Ein Beispiel ist das neue Multiplex-Kino.

Diese »Aufbruchstimmung« in der Altstadt hat die Entwicklung der gesamten Stadt beflügelt. Die Zahl der Einwohner zum Beispiel ist von 1970 bis 1994 um 4,5 Prozent, die Zahl der Arbeitsplätze um 40 Prozent und die Gewerbesteuer um 200 Prozent gestiegen. Regensburg gilt als Musterregion in Bayern. Die Dreier-Modellreihe von BMW kommt aus Regensburg. Siemens produziert Module für multifunktionale Chipkarten, Toshiba Notebooks und PCs. Siemens ist darüber hinaus noch mit dem Welt-Logistik-Zentrum für Automobiltechnik vertreten. Regensburg ist auf dem Weg.

Dabei ist die Stadt sich ihres Ausnahmecharakters wohl bewusst. Seit 1998 leistet sie sich für 180 000 DM pro Jahr einen Gestaltungsbeirat. Ein Team hochkarätiger Architekten aus Zürich, München, Lübeck und Dresden begutachtet Baupläne und -entwürfe, ihr Statement ist die Grundlage für die spätere Entscheidung im Stadtrat.

## »Die Welt soll sehen, dass sich in Regensburg etwas tut«:

Mit dieser Einstellung geht die Stadt zur Expo 2000. Das Projekt »Bauen in einer 2000 Jahre alten Stadt«, eines von mehreren, mit denen die Regensburger in Hannover vertreten sein werden, ist eine Zusammenschau des bisher Erreichten und ein Ausblick auf das, was kommt.

*Am Rathausplatz schlägt das Herz des reichsstädtischen Regensburg.*

»Regensburg ist eine der schönsten Städte der Welt«, sagte der Londoner Star-Architekt Sir Norman Foster bei seinem Besuch im April 1996. Es war, sozusagen, eine Dienstreise, denn Foster arbeitet zusammen mit seinem Kollegen Pedro Haberbosch an einem »masterplan« für den Unteren Wöhrd. Die Stadt ist, auf ihre alten Tage, Modellstadt geworden. Sie hat Berlin und Paris als Mitbewerber aus dem Feld geschlagen und profitiert nun von einem Projekt der EU. Dabei geht es um neue Funktionen in alten Strukturen und darum, wie man ein gewachsenes Viertel ökologisch bebaut. Foster, der Visionär, war fasziniert von den Möglichkeiten dieser Stadt: Die Wöhrde, die zwei Donauinseln, gehören zu den wertvollsten Flächen urbaner Räume. Beim Sightseeing stolperte der Brite, geboren in Manchester, über ein anderes Juwel: die

***Das beliebteste Postkarten-Motiv: Stadt am Fluss mit Steinerner Brücke, Brücktor und dem alles überragenden Dom.***

burg. Noch ist nicht klar, was daraus einmal wird …

Vielleicht kommt Foster ja zurück. Er wäre nicht der einzige »Kreative«, der sich von dem Potential der jahrtausendealten Stadt inspiriert und herausgefordert fühlt. Dani Karavan aus Paris, Meister der architektonischen Skulptur, setzt den künstlerischen Akzent bei der Neugestaltung

***Das Klinikum ist das Herzstück der vierten bayerischen Landesuniversität, die sich Regensburg im zähen Ringen mit der Kultusbürokratie erkämpfte.***

Schnupftabakfabrik Bernard, Prototyp einer frühindustriellen Manufaktur, ein Industriedenkmal »in progress«, in einer alten Patrizier-

am Neupfarrplatz. Die Grabungen dort sind abgeschlossen. Bis sie ausgewertet sind, läuft noch viel Wasser die Donau hinunter. ■

*Der Fluss, dem das mittelalterliche Regensburg seinen Reichtum verdankt, ist noch heute Anziehungspunkt für Besucher und Einheimische. Hier an der Steinernen Brücke ist alles möglich: das Bad in der Menge, aber auch der Rückzug beim Fischen, Sonnenbaden, Malen.*

*Folgende Doppelseite: Regensburg, wie man es nicht alle Tage zu sehen bekommt: Blick vom Südturm des Doms auf Bischofshof, Donau und Unteren Wöhrd.*

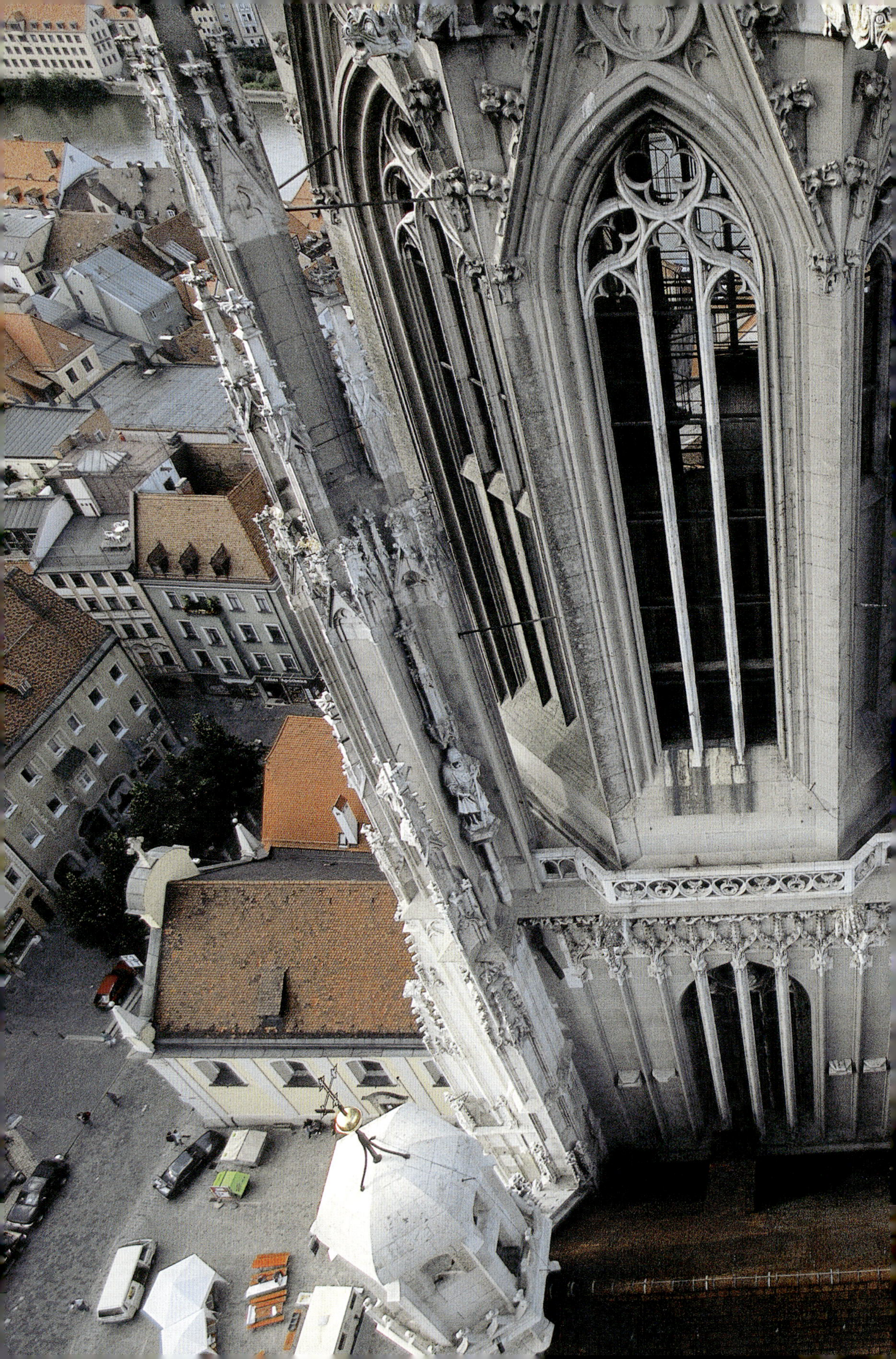

# TÜRME, DIE IN DEN HIMMEL WACHSEN

*Rechts: Die »Wolkenkratzer aus dem Mittelalter« dominieren die Silhouette der Stadt.*

*Mit der Brücke kamen der Wohlstand und ein Verlangen nach Selbstdarstellung.*

An der Ecke Kramgasse/Wahlenstraße machen Regensburgs Gästeführer gern eine Kunstpause: »Haben Sie so etwas … schon mal gesehen?« – »Ah«, sagen die Besucher, »ja! Italien. Toskana. San Gimignano…« Eine Vielzahl von Türmen prägt die Silhouette Regensburgs wie die des toskanischen Städtchens. In der Wahlenstraße, die einmal das Quartier der italienischen Kaufleute, der »Welschen«, gewesen ist, steht das imposanteste Exemplar, der sogenannte Goldene Turm. 50 Meter ragt er auf, er ist der Wolkenkratzer unter den mittelalterlichen Hochbauten diesseits der Alpen.

## Wie ist diese ursprünglich fremde Architektur nach Regensburg gekommen?

Es begann im 12. Jahrhundert. Damals wurden die Regensburger langsam reich. Sie machten sich die verkehrsgeographisch günstige Lage an der Donau zunutze und betätigten sich im Fernhandel. Während ihre Kaufleute zu immer neuen Ufern aufbrachen und Beziehungen knüpften nach Venedig, Kiew und Byzanz, wurde die Stadt zum Umschlagplatz für Waren aller Art. Die Steinerne Brücke, 1146 nach elfjähriger Bauzeit fertig gestellt, festigte die Position als Handelsmetropole. Sie war der einzige feste Übergang über den Fluss, in den Norden. Zur wirtschaftlichen Macht kam der politische Einfluss. Die Stadtfreiheit 1245 war nur noch das Tüpfelchen auf dem i.

Die Bürger nahmen nun, mit dem Segen des Kaisers, die Geschicke der Stadt selbst in die Hand.

Ihr neues Selbstbewusstsein verlangte auch nach Selbstdarstellung, einer Form des Ausdrucks von Autorität und Lebensart. Die ersten Patrizierhäuser wurden gebaut, wehrhaft aussehende Wohnburgen mit Türmen und Hauskapellen wie der schon erwähnte Goldene Turm. Er wurde, um 1300, auf acht Geschosse aufgestockt.

## Ein eindrucksvolles Beispiel für die neue Bauweise

ist auch der frühgotische Baumburger Turm, der mit seinen sieben Geschossen eine Höhe von 28 Metern erreicht. Er schaut zum Watmarkt hin. Wie wichtig das Herzeigen der Waren im Kaufmannsviertel, aber auch das »Sehen-und-gesehenwerden« für den Jetset der damaligen Zeit gewesen sein mag, lässt die bogenüberspannte Loggia im 1. Obergeschoss erahnen, die zu den Stilmerkmalen nahezu aller Geschlechtertürme gehört.

Insgesamt gab es in Regensburg zwischen 60 und 70 Patrizierfamilien. Viele kennt man heute noch mit Namen – die Dollinger und Runtinger, Gravenreuther und Kastenmayer, Auer und Thundorfer. Ihre Türme wuchsen in den Himmel, alle kann man nicht mehr sehen, vierzig sind immerhin nachweisbar – steinerne Zeugen eines Zeitalters, in dem es von der Macht zur Großherzigkeit, aber auch zur Anmaßung nur ein kleiner Schritt war. Der Patrizier Hans Kastenmayer zum Beispiel schenkte 1437 seinen gesamten Besitz den Armen. Friedrich Auer hingegen trat als Bürgermeister mit eigener Leibgarde so selbstherrlich auf, dass er 1334 mitsamt seiner Familie der Stadt verwiesen wurde. ■

***Das ehrgeizigste Hochbau-Projekt seiner Zeit diesseits der Alpen ist der Goldene Turm in der Wahlenstraße.***

***Der Baumburger Turm mit seinen sieben Geschossen und der markanten Loggia steht mitten im ehemaligen Kaufmannsviertel am Watmarkt.***

*Verträumte Winkel: Der Rote Herzfleck (rechts) atmet den morbiden Charme einer versunkenen Welt. Unten: Blick vom Goldenen Turm auf die von Patriziertürmen geprägte Stadtlandschaft.*

*Der Rathausturm (oben) ist ein barocker Anbau an das gotische Alte Rathaus. Eine Entdeckungsreise für Fortgeschrittene sind die teilweise versteckten Innenhöfe der Altstadt. Hier öffnet sich der Blick in den Rathaushof (links).*

# REGENSBURGS RUHMREICHE VERGANGENHEIT

Die Geschichte des deutschen Parlamentarismus beginnt in Regensburg. Von 1663-1806 tagte hier, im historischen Alten Rathaus, der so genannte »Immerwährende Reichstag«. Er war nicht demokratisch gewählt. Auch war er keine Volksvertretung. Als Ständeversammlung war er aber mit zuletzt 160 Sitzen für Kurfürsten, Reichsfürsten und Reichsstädte auch eine Kontrollinstanz. Ohne ihn ging nichts, im legendären »Heiligen Römischen Reich Deutscher Nation«.

***Insignien der Macht: »Karll der fünft von Gottes Gnaden Römischer Kayser 1532« steht auf der gemalten Wappenscheibe mit dem Reichsadler.***

## Für den Kaiser war dieses Reich im 17. Jahrhundert unregierbar geworden.

Ein Staatenbund mit lauter souveränen Territorialherren. Und doch musste man sich zusammenraufen. 1664 zum Beispiel ging es um die Frage eines neuerlichen Feldzugs gegen die Türken. Die Entscheidung fiel im Plenum. Dort hatten die sieben – später waren es neun – Kurfürsten je eine, die Reichsfürsten insgesamt 100 und die Reichsstädte rund 50 Stimmen.

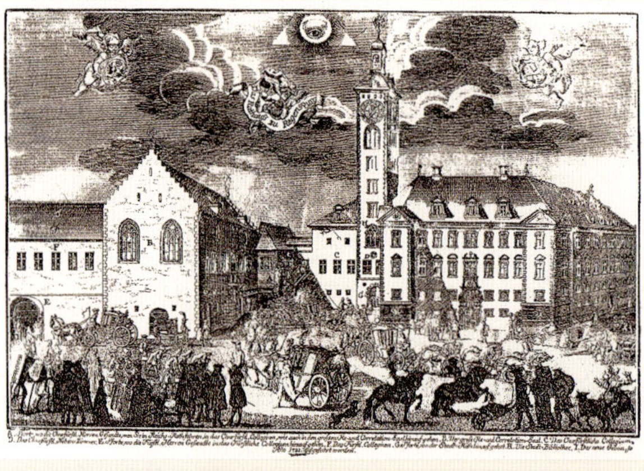

***Die Auffahrt der Gesandten vor dem Alten Rathaus 1722 auf einem Kupferstich.***

Historiker und Verfassungsrechtler vergleichen den »Immerwährenden Reichstag« heute gern mit der Generalversammlung der UNO, auch Querverweise auf den Prozess der europäischen Einigung fehlen nicht. Der Reichstag habe die Koexistenz der Staaten in Mitteleuropa ermöglicht, heißt es. Und Regensburg war der zentrale Ort. Die Stadt hatte schon von 788 bis zum Ende der Stauferzeit, ca. 60 Reichsversammlungen gesehen. Seit 1594 wurden die Reichstage ausschließlich nach Regensburg vergeben.

Mit den Gesandten aus aller Herren Länder kam wieder Leben in die zur Provinzstadt abgesunkene ehemalige Handelsmetropole. Die feine Gesellschaft feierte sich selbst und die Regensburger feierten mit.

Monsieur Verjus, Comte de Crecy, Bevollmächtigter des französischen Königs, organisierte 1682 zur Ehre und zum Ruhm seines Herrschers ein fünf Tage dauerndes Fest mit Feuerwerk, Bällen, Festmählern und einem Weinbrunnen für das Volk.

Nicht anders Sir George Etherege, der Gesandte König Jakobs II.: Sein Bankett anlässlich der Geburt des englischen Thronfolgers dauerte drei Tage, die Damen warfen Geld und Knallfrösche aus dem Fenster.

## 1806 erging es dem Reichstag wie so vielen Parlamenten.

Irgendjemand, in diesem Fall Napoleon, befand, es handele sich um eine »alte Klappermühle« und löste ihn auf. Das erste deutsche Parlament ist heute ein Fall fürs Museum.

Entscheidungen werden anderswo getroffen – am sprichwörtlichen »grünen Tisch« zum Beispiel.

Der steht im Original in der Ratsstube des Regensburger Alten Rat-

hauses, wo zu Zeiten des »Immerwährenden Reichstages« der einflussreichste Stand, die Kurfürsten, in einer Art Fraktionszimmer zusammen kamen. ■

*Oben: Der sprichwörtliche »grüne Tisch« steht im Original im Kurfürstlichen Nebenzimmer im ersten Stock des Rathausturms (links). Daneben: Blick in den Reichssaal mit der genauen Anordnung der Reichsstände. An der Stirnseite saß der Kaiser.*

*In der Fragstatt wurde die Peinliche Gerichtsordnung Karls V. vollzogen.*

*Die Spuren aus der Römerzeit sind nicht zu übersehen: Rechts die Reste der Lagerbefestigung unter der Parkgarage am Dachauplatz. Unten: Die Porta Prätoria, das Nordtor der von Kaiser Marc Aurel 179 n. Chr. gegründeten »Castra Regina«.*

*Modell der Porta Prätoria im Stadtmuseum (oben) und das Freskogemälde am Goliathhaus, dem Stammhaus der Thundorfer (ganz oben).*

KEIL

*Vorherige Doppelseite: Der Haidplatz mit seinem italienischen Flair.*

*Die Neue-Waag-Gasse (oben links und großes Foto) verbindet den Rathausplatz mit dem Haidplatz (oben Mitte), der beim »Kultursommer« zur Schaubühne wird.*

*Hier kam es zur amourösen Begegnung zwischen Karl V. und Barbara Blomberg. Eine Inschrift am Goldenen Kreuz belegt dies.*

# DIE »SCHÖNE REGENSBURGERIN«

Da steht er, fest und für alle Zeiten. Don Juan. Nicht einmal hinüberschauen kann er, in die Tändlergasse, wo er vor etwas mehr als 450 Jahren zur Welt gekommen ist.

## Ab und zu drückt ihm jemand eine Blume in die Hand.

***Don Juan d'Austria (rechts) war der uneheliche Sohn Karls V. und der Regensburger Bürgerstochter Barbara Blomberg.***

Meist aber trägt der Edelmann, so selbstbewusst er sich auch gibt, diesen melancholischen Zug um Augen und Mund. Wer ist … Don Juan? Ihm nachspüren heißt: sich fallen lassen, ein wenig von dem aufnehmen, was Regensburg auch ausmacht – das Leichte, leben und leben lassen. Setzen Sie sich, an einem schönen Sommertag, ins Café im »Goldenen Kreuz«. Geben Sie sich erst gar nicht die Mühe, die Inschrift in Ihrem Rücken zu entziffern, die von einer gewissen »Barbara Plumberger« handelt und dem, was hier geschah. Denn es geschieht noch immer, jeden Tag, vielleicht gerade in diesem »Augen-Blick«.

***Das Denkmal für Don Juan am Zieroldsplatz.***

1546 am Rande des Reichstags haben sich hier, im »Goldenen Kreuz«, zwei Menschen getroffen: die schöne Bürgerstochter Barbara Blomberg, süße 17 Jahre, und Kaiser Karl V., ein müder Potentat, leidend an der Welt und an der Gicht. Barbara heiterte ihn auf.

## Viel später hörte man in Regensburg zum ersten Mal von »Don Juan«:

1571, in der Seeschlacht von Lepanto, besiegte er die Türken. Er ging als »Retter des Abendlandes« in die Geschichte ein. Und noch eine Geschichte schleppte der Edelmann mit sich herum. Seine eigene. Don Juan ist Barbaras und Karls Sohn, ein Held mit falschen Papieren, Johann Plumberger mit Namen.

Man hatte ihn der Mutter weggenommen. Jetzt soll zur Abwechslung die Mutter verschwinden.

Doch Barbara spielt nicht mit. Sie will nicht ins Kloster, sie will leben

und lässt sich ihr Schweigen vergolden. Weit weg von Regensburg, in Brüssel und Genf, tanzt Barbara Blomberg der Männergesellschaft auf der Nase herum. Das war nicht das »Kaiserliebchen«. Eher schon der Prototyp der selbstbewussten, »starken« Frau.

Die schöne Regensburgerin geistert seit damals als »Role model« durch die Zeitläufe und hat, neben Dramatikern wie Carl Zuckmayer, immer wieder auch die bildenden Künstler inspiriert. Zuletzt hat sich die Österreicherin Irene Andessner mit dem Barbara-Mythos auseinandergesetzt. In das Porträt einer Bürgersfrau aus dem 16. Jahrhundert hat sie ihr eigenes – das Gesicht einer emanzipierten Frau, klug und schön, – hineinmontiert: eine Collage als Spurensuche, die große Unbekannte als »Vor-Bild«. Das Modell »Versuchung« gibt es auch als Konfekt, hergestellt und vertrieben von

*Die schöne Barbara und der Kaiser (unten links).*

Deutschlands ältester Confiserie, dem Prinzeß-Café am Rathaus. Diese »Barbara-Küsse« sind eine süße Reminiszenz, so unwiderstehlich wie die Namensgeberin selbst. Apropos: Barbara hat ihre Heimat nie mehr wieder gesehen. Die »schöne Regensburgerin« aber ist Legende. Wenn sich im Sommer vor dem »Goldenen Kreuz« die Blicke treffen und die Jungen und die Schönen, die Wichtigen und die weniger Wichtigen das alte Spiel probieren, dann ist der Zauber greifbar nahe. ■

***Oben: Don Juan wird seinem leiblichen Vater vorgestellt. In der Seeschlacht von Lepanto (unten), beim Sieg der päpstlichen Flotte über die Türken, war der Kaiserspross zum Helden geworden.***

*Auf dem »Jazz-Weekend« treffen sich alljährlich die besten Amateurbands aus der Bundesrepublik und dem benachbarten europäischen Ausland in Regensburg.*

*Spielfreude und Lebenslust im Innenhof des Thon-Dittmer-Palais (unten, ganz unten, großes Bild). Bei den sommerlichen Open-Air-Veranstaltungen vor der stimmungsvollen Altstadtkulisse haben Musiker und Publikum gleichermaßen Spaß.*

*Ein mediterranes Lebensgefühl legt sich im Sommer über die Stadt. Plätze mit vielen Freisitzen, wie hier der Bismarckplatz mit seinen kühlenden Fontänen, sind die Bühne, auf der die Menschen sich selbst und ihren Alltag inszenieren.*

*Die passende Kulisse für das »Dolce Vita« bietet sich vor den klassizistischen Fassaden des Präsidialpalais (links, ganz links), um 1805 von Emanuel d'Herigoyen erbaut, und des Stadttheaters (unten).*

# GESANG, DER ZU HERZEN GEHT

86 Jungs sind Regensburgs Exportartikel Nummer eins. Ihr Markenzeichen ist der Gesang. Was unterscheidet die Regensburger Domspatzen von anderen Chören? Von den strengen Leipziger Thomanern, zum Beispiel? Oder den eleganten Wiener Sängerknaben? Sie klingen so barock … Auf den Philippinen, weit weg von daheim, haben sie Helmut Kohl zu Tränen gerührt. Die Domspatzen singen alles:

## von der polyphonen Altklassik über die Romantik bis zur Moderne,

von Palestrina, Brahms und Bruckner bis zum Volkslied und – Pop.

***Die Domspatzen haben Regensburg in der ganzen Welt bekannt gemacht, sie sind ein Markenzeichen (oben). Die singenden Botschafter der Stadt vor ihrem Reisebus.***

***Übung macht den Meister. Die Domspatzen bei der Chorprobe.***

Jeden Sonn- und Feiertag, morgens um neun, kann man sie hören. Im Dom. Natürlich singen sie auch an hohen Festtagen. Aber Vorsicht: Heiligabend, zur »Stillen Nacht«, bevölkern auch die Regensburger, dicht an dicht, die Kathedrale.

Domspatz zu sein, ist eine Auszeichnung, das Dom-Gymnasium eine Eliteschule für Jungen mit herausragender Musikbegabung und schöner, ausbildungsfähiger Stimme. Kein Vergleich mit jener »schola cantorum«, wie sie Bischof Wolfgang 975 ins Leben gerufen hatte. Weil die Buben dort nichts zu essen bekamen, schalteten sie auf stur und noch im 16. Jahrhundert heißt es, dass sie ihre Psalmen »nur herunterhudeln«. Frech waren sie damals wie heute.

Aus der ältesten »gelehrten Schule« Regensburgs ist ein Unternehmen mit einem Jahreshaushalt von acht Millionen Mark geworden, aus Lausbuben begehrte Stars. Die Domspatzen fliegen heute mal eben nach

Kuwait, für drei Tage, so zwischendurch. Die meistgestellte Frage an den Domkapellmeister ist die nach der nächsten Konzertreise: »Bin ich dabei ...?« Jedes Jahr geht der Chor auf Tournee,

## Tradition hat das Gastspiel in Japan.

Doch der Erfolg ist das Ergebnis harter Arbeit. Mitte des 19. Jahrhunderts hatte der damalige Domkapellmeister Joseph Schrems die Orchestermessen beim Domgottesdienst durch die Vokalpolyphonie ersetzt. Innerhalb weniger Jahre brachte Schrems den Domchor in der A-cappella-Musik ganz nach vorn. Heute singen allein in den Vor-Chören für die erste bis vierte Klasse 130 Kinder, noch einmal 110 durchlaufen im Alter von vier bis sechs Jahren die musikalische Früherziehung in einer eigens gegründeten Internatsvolksschule. Nur die Besten schaffen den Sprung in den

Konzert-Chor. Der hat mittlerweile einen eigenen Manager, der die Buben im roten Talar mit dem Rock darüber adäquat vermarktet. Da kommt es schon mal vor, dass zwei Domspatzen sich im Werbespot für ein Waschmittel mit Ketchup und Mayo die Hemden verschmieren. Tradition verpflichtet, könnte man sagen. ■

*Jeden Sonntag singt der Chor zur Heiligen Messe im Hohen Dom (oben), eine besondere Attraktion sind die Festtagsgottesdienste an Weihnachten, Ostern und Pfingsten (unten).*

*Rechts: Der Dom, um 1274–1520 erbaut, ist neben der Steinernen Brücke ein Wahrzeichen der Stadt. Mit seinen 105 Meter hohen Türmen ist er das berühmteste gotische Baudenkmal Süddeutschlands. Unten: Einblick in die Gewölbe des Domkreuzgangs.*

*Oben: Blick von den Domtürmen auf das sommerliche Treiben am Domplatz. Durch den Domkreuzgang gelangt man in die romanische Allerheiligenkapelle (links). Bemerkenswert ist der Innenraum mit seiner byzantinischen Architektur und den romanischen Fresken.*

*Beim Bummel durch die Altstadt auf Entdeckungsreise gehen: Die engen Gassen öffnen sich und geben immer wieder neue Ausblicke frei zum Beispiel auf das Gravenreuther-Haus. Jeder Platz hat seinen ganz eigenen Charme, wie der Alte Kornmarkt (rechts).*

*Zur Kaffeepause kann man sich entweder in ruhige Gässchen zurückziehen (ganz oben) oder an belebten Plätzen einen Imbiss genießen, wie zum Beispiel auf dem Bischofshof (oben).*

*Der Regensburger Gelehrte Albertus Magnus hat als »doctor universalis« die Geistesgeschichte des Mittelalters maßgeblich beeinflusst. Seine Lehrkanzel (rechts) steht in der Dominikanerkirche (Mitte).*

*»Kirche gegen Kirche, Stifft gegen Stifft« stünden in Regensburg gegeneinander, notierte Johann Wolfgang von Goethe 1786 in sein Tagebuch. Zu den geheimnisvollsten gehört die Schottenkirche mit dem Schottenportal (oben rechts). Die Alte Kapelle (rechts) gilt als Rokoko-Juwel, St. Ulrich neben dem Dom (großes Bild) wurde zwischen 1225 und 1230 erbaut und war einst fürstliche Hofkapelle.*

SANCTĀ ECCLESIĀ CATHOL
S. IACO B° MINOR.

*Der Märtyrerbischof Emmeram kam im 7. Jahrhundert nach Regensburg. Seine Gebeine ruhen in der nach ihm benannten Basilika (rechts).*

*Unten: Der prächtige Innenraum der Klosterkirche St. Emmeram. Erbaut zwischen 1050 und 1060, gilt die später barockisierte dreischiffige Pfeilerbasilika als größter vorromanischer Kirchenbau Süddeutschlands. Links: Blick in den Kreuzgang.*

*Mit seiner zum Teil ursprünglichen Flusslandschaft und den vielen Parks und Grünanlagen empfiehlt sich Regensburg für einen Urlaub in der Stadt.*

*Der Dörnbergpark (ganz oben) ist eine Oase der Ruhe, der Villapark (oben) hingegen ist ein beliebter Treffpunkt für Jung und Alt.*

# SCHWEINSWÜRSTL UND HÄNDLMAIER SENF

Mexikanisch, chinesisch, indisch? Neue deutsche Küche oder Pasta, al dente, beim Italiener um die Ecke? Kein Problem! Was die Küche betrifft, ist Regensburg so verwechselbar wie jede andere halbwegs erwachsene Großstadt. Das Fürstenbier mit dem Etikett derer von Thurn und Taxis wird weiterverkauft und getrunken, auch wenn es längst aus München kommt. Und doch gibt es Dinge, die unangefochten bleiben, denen Modetrends so wenig anhaben können wie Konjunkturen.

*Wenn der Kamin raucht und der Bratwurstdunst bis in den Gastraum zieht, ist Hochbetrieb in der »Historischen Wurstkuchl«, der ältesten Brotzeitstube der Welt.*

## Der »Kneitinger«, Inbegriff des altbayerischen Bierlokals,

gehört dazu wie der »Spitalgarten«, der als einer der schönsten Biergärten in Bayern gilt. Das Bier ist hausgemacht, seit altersher, und der Kreis derer, die das zu schätzen wissen, wird mit den Jahren eher noch größer.

*Ein Original – »Radifrau« am Krauterermarkt.*

Eine Brotzeit? Dazu gehört: eine Halbe Bier, ein Stück Käse und ein Weichser »Radi«. Ihre Lieblingswurzel holen sich die Regensburger traditionell am Krauterermarkt, vis-a-vis vom Bischofshof. Die dortigen »Radi-Weiber« gehören zu Regensburg wie der Dom und die Steinerne Brücke, einige von ihnen – wie die selige Beer Marie – sind in Jahrzehnten selber zur Legende geworden. Der Radi, sagen die, die's wissen müssen, schmeckt am besten »aufgeschnipselt und gesalzen«, wobei allein das richtige Schneiden eine Wissenschaft darstellt und den Kenner verrät. Wichtig: In Regensburg wird der Rettich der Länge nach geschnitten, ganz dünn und in einem Zug. Und: »Weinen« muss er, bevor man ihn isst.

In der »Historischen Wurstkuchl« bei der Steinernen Brücke kommen gleich drei Regensburger Spezialitäten auf den Tisch: Schweinswürstl, Händlmaier Senf und Schwarzer Kipferl. Die Würstl haben schon die

Brückenbauer gegessen. Die Brötchen aus dem Ersten Wiener Backhaus Schwarzer in der Oberen Bachgasse gelten als ein »Stück gebackener Kunst«. Und Luise Händlmaiers süßer Hausmachersenf hat von Regensburg aus die Welt erobert. Die Rezeptur, eine feine Mischung aus Wasser, Essig, Senfsaat, Zucker und Gewürzen, stammt aus dem Jahr 1900.

## Eine andere Regensburger Spezialität gedeiht im Verborgenen: der Wein.

Dabei hat ausgerechnet der Weinbau die längste Tradition – bis in die Römerzeit. Heute bewirtschaften 20 - 30 Winzer eine Anbaufläche von vier bis fünf Hektar. Beim Heurigen in Bach und Kruckenberg, in Nieder- und Oberwinzer, kleinen Orten an der Stadtgrenze, kann man den »Regensburger Landwein« (Müller-Thurgau, Blauer Burgunder) probieren – sofern man zum Kreis der Eingeweihten gehört –, in den Verkauf gelangt er allerdings nicht. Mitte September lohnt sich ein Aus-

flug zum »Winzerer Weinfest«. Der Weg ist nicht umsonst. Vier Weinbauern – Dr. Elisabeth Gahleitner (Weingut Dr. Rieß), Johann Bierwolf, Hermann Merkl und Dr. Helmut Peez – brachten es immerhin zu einer Erwähnung im Fachmagazin »vinum« als hoffnungsvolle Newcomer.

***Regensburgs Gastronomie reicht von der feinen Küche im »Roten Hahn« (ganz links) bis zu bodenständigen kulinarischen Köstlichkeiten im Biergarten »Unter den Linden« (links).***

***Einige ehrgeizige Winzer haben es sich in den Kopf gesetzt, dem Regensburger Landwein die Anerkennung zu verschaffen, die er verdient.***

GALACTICA

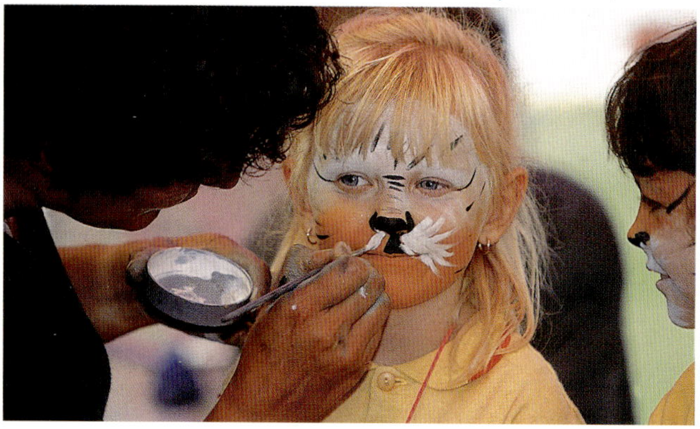

*Vorherige Doppelseite: »Herbst-Dult« vor der Kulisse des Doms. Impressionen vom Bürgerfest (oben, oben rechts), das alle zwei Jahre die Stadt in einen bunten Jahrmarkt verwandelt.*

*Jedes Jahr, im Mai und September, vergnügen sich die Regensburger auf der »Dult«, dem Rummelplatz am Europakanal (unten).*

# DIE THURN-UND-TAXIS-DYNASTIE

Was wäre Regensburg ohne Gloria und Co.! Seit 250 Jahren bürgen die Thurn und Taxis für Geschichte und Geschicht(ch)en, für Glamour und Unterhaltung. Fürst Alexander Ferdinand führte sich 1748 viel versprechend ein.

*Vom Paradiesvogel und Medienstar zur klug kalkulierenden Geschäftsfrau: Fürstin Gloria von Thurn und Taxis.*

*Das Fürstenbier zum Beispiel wird heute in München gebraut.*

## Der ständige Vertreter des Kaisers war Partykönig

in einer Stadt, die zu Zeiten des »Immerwährenden Reichstags« nicht nur der Mittelpunkt der Welt, sondern auch ein riesiger Amüsierbetrieb gewesen ist.

Dass der Fürst sich so spendabel zeigen konnte, hatte einen Grund. Geld! Nicht das des Kaisers, der seinen Prinzipalkommissar eher kärglich alimentierte, sondern eigenes Geld aus dem Post-Monopol, dem die von Thurn und Taxis ihren Reichtum verdanken. Zum Vergleich: Das Stammschloss Emmeram mit seinen Prunksälen und 500 Zimmern ist größer als der Buckingham-Palast der Queen. Und doch wurd's manchmal knapp.

»Jetzt muss bestimmt werden, ob unsere Familie wohlhabend bleiben oder ob ich ein armer Edelmann werden soll«, jammerte Fürst Karl Alexander anno 1810, gut 180 Jahre bevor Gloria von Thurn und Taxis ihr Tafelsilber verscherbelte, um damit Steuerschulden zu bezahlen.

## Mariae Gloria Ferdinanda Joachima Gräfin von Schönburg-Glauchau

kam 1980 fast aus dem Nichts. Just in dem Moment, als die Furchen sich immer tiefer in die Stirn des »regierenden« Fürsten und Junggesellen einzugraben drohten, nahm das Kind eines vornehmen, aber verarmten Hauses ihm die Sorge um den Fortbestand der Dynastie. Gloria heiratete Johannes – »Goldie«, wie sie ihn nannte – und gab selbst alles für den Namen Thurn und Taxis: fuhr Motorrad und schockte mit schrillen Frisuren. Daheim, im Schloss, gingen Mick Jagger, Andy Warhol, Boris Becker und Michael

Jackson ein und aus. Drei Kinder kamen auf die Welt, darunter Albert, der ersehnte Erbprinz von Thurn und Taxis.

Zuerst die Arbeit, dann das Vergnügen? Bei Gloria war es umgekehrt. Nach dem Tod ihres Mannes 1990 machte sie einen Crash-Kurs in Be-

triebswirtschaft: Mit den Finanzen stand es wieder einmal nicht zum Besten. Durchlaucht als Unternehmerin? Gloria feuerte ihre Manager, einen nach dem anderen. Die Regensburger wurden Zeugen eines Ausverkaufs. 53 Millionen für Glorias »Sperrmüll«, entsorgt von Sotheby's. Die Schatzkammer ging an das Land Bayern, für 45 Millionen.

Im 250. Jahr ist das Verhältnis der Regensburger zum Fürstenhaus ein gutnachbarliches. In der Sommerzeit bittet die Fürstin schon mal zu einem Open-Air-Konzert ins Schloss. Umgekehrt singen und trommeln Gloria und Albert in Regensburgs führendem Music Club, der »Alten Mälzerei«, mit einheimischen Musikern. Das Thurn-und-Taxis-Bier, das früher häufig und gern getrunken worden ist, kommt heute aus München von Paulaner. Dafür steht Fürst Albert – wenn man Glück hat – hinter der Espressomaschine einer italienischen Kaffeebar im Herzen der Stadt und macht einen Capuccino ... ■

***Fürst Albert und seine Schwester (oben links), aber auch hochrangige Gäste aus aller Welt, fühlen sich hier wohl.***

***Das Fürstliche Schloss ist größer als der Buckingham-Palast.***

Das Postmonopol hat Thurn und Taxis reich gemacht. Die Fürstlichen Museen im Gebäude des ehemaligen Marstalles zeigen die Schaustücke einstiger Pracht, wie zum Beispiel diese Prunkkutsche (rechts).

*Links: der Ballsaal von Schloss Emmeram. Der Schlosshof wurde anlässlich der 250-Jahr-Feier des Fürstenhauses zum Konzertsaal umfunktioniert (unten).*

*Vom Bayernkönig Ludwig I. als »Ruhmestempel der Deutschen« erbaut, dient die Walhalla heute gerne als Fotokulisse, zum Beispiel für Brautpaare (unten). Vom Säulenvorhof bietet sich ein imposanter Panoramablick auf die Donau und Regensburg am Horizont.*

*Auf einem Hügel bei Donaustauf thront die Walhalla über dem Fluss.*

# AUF EINEN BLICK

*Rechts: Der Rathausturm mit seiner markanten Uhr.*

### 1 Altes Rathaus

Das gotische Alte Rathaus zählt zu den bedeutendsten historischen Profanbauten und ist heute Teil der Museen der Stadt. Hier tagte der **»Immerwährende Reichstag«**, hier stehen der erste »Grüne Tisch« und die sprichwörtliche »lange Bank«. Dazu das obligatorische **Gruseln in der Fragstatt**, einer Folterkammer aus dem Mittelalter, bestückt mit einem Arsenal erlesenster **Marter-Instrumente**. *(Rathausplatz, Reichstagsmuseum, Tel. 09 41/5 07-14 40; geöffnet: Führungen April-Okt. Mo-Sa halbstündlich, 9.30-12, 14-16 Uhr, Sonn- u. Feiertage ab 10-12 und 14-16 Uhr; Nov.-März Mo-Sa stündlich 9.30-11.30 und 14-16 Uhr, Sonn- u. Feiertage 10-12 Uhr)*

*Interessantes zum Thema »Golf« gibt's im Golfmuseum (oben). Zur deftigen Brotzeit zwischendurch geht man am besten in die »Historische Wurstkuchl« (rechts).*

### 2 Dom St. Peter

Der Dom St. Peter ist das **Wahrzeichen Regensburgs**, aber nur eines von insgesamt 1400 eingetragenen Einzeldenkmälern. *(Am Domplatz; geöffnet: April-Okt. tägl. 6.30-18 Uhr, Nov.-März tägl. 6.30-16 Uhr, an Sonn- u. Feiertagen Besichtigung erst ab 14 Uhr; Führungen: Mai-Okt. Mo-Sa 10, 11 und 14 Uhr, Sonn- u. Feiertage 12 und 14 Uhr; Nov.-Apr. Mo-Sa 11 Uhr, So- u. Feiertage 12 Uhr)*

### 3 Fürstenhaus Thurn und Taxis

Im Fürstlichen Schloss wohnt **Fürstin Gloria von Thurn und Taxis** mit den Kindern Albert, Maria-Theresia und Elisabeth. Die aufgezogene Fahne signalisiert: Wir sind zu Hause. Ein Teil des Schlosses, darunter die **Prunkräume und der Marstall**, der **Kreuzgang von St. Emmeram** und die **Gruftkapelle**, kann besichtigt werden.
*(Fürst Thurn und Taxis Museen, Emmeramsplatz 5, Tel. 09 41/5 04 81 33; geöffnet: Schlossmuseum mit Kreuzgang: Führungen von April-Okt. tägl. 11, 14, 15, 16 Uhr, Sa, Sonn- u. Feiertage zusätzlich 10 Uhr; Nov.-März Sa, Sonn- u. Feiertage 10, 11, 15 Uhr; Marstallmuseum: geöffnet: April-Okt. Mo-Fr 11-17 Uhr, Sa, Sonn- u. Feiertage nur mit Führung um 11.30 und 14 Uhr)*

### 4 Golfmuseum

Alles zum Thema Golf – **alte und antike Schläger** von 1550-1930, seltene Originalgrafiken in jeder Druck- und Maltechnik von 1650-1930 sowie außergewöhnliche Sammlerobjekte bis 1930, insgesamt **1200 Exponate** – präsentiert Peter Insam in »Europas einzigartigem Golfmuseum«. *(Tändlergasse 3, Tel. 09 41/5 10 74; geöffnet: Mo-Fr 10-19 Uhr, Sa 10-16 Uhr).*

### 5 Historische Wurstkuchl

Die kleine Stärkung für den Heißhunger zwischendurch heißt in Regensburg **»Brotzeit«**. Der geschichtsträchtigste Ort, an dem man eine solche Brotzeit einnehmen kann, ist die **»Historische Wurstkuchl«**. Bei Bratwürsten vom Grill sind angeblich schon die Erbauer der Steinernen Brücke im 12. Jahrhundert wieder zu Kräften gekommen. *(Thundorferstraße, Tel. 09 41/5 90 98)*

Museumsschiff – aus: Stürtz-REGIO »Regensburg«


Blick vom Domturm – aus: Stürtz-REGIO »Regensburg«

*Karte oben: Ausblick vom Domturm auf den Domplatz*

*Karte unten: Das Museumsschiff »Ruthof/Érsekcsanád«*

*Karte oben: Die Steinerne Brücke mit Brücktor und Domtürmen*

*Karte unten: Die Walhalla bei Donaustauf*

Walhalla – aus: Stürtz-REGIO »Regensburg«
Fotograf: Hanno Meier, 

Steinerne Brücke und Dom – aus: Stürtz-REGIO »Regensburg«
Fotograf: Hanno Meier, 

**6 Kapelle Maria Läng**
Zu den beliebtesten und meistbesuchten Kirchen gehört die Kapelle Maria Läng. Hierher kommen die Regensburger, bevor sie in die Arbeit gehen, zwischen den Einkäufen, hier laden sie ihre Sorgen ab, wie das **Anliegenbuch** beweist. In dem **schlichten Wohnhaus** würde niemand eine Kirche vermuten. *(Domplatz 4; geöffnet: Mo-So 7-18 Uhr)*

**7 Kepler-Gedächtnishaus**
Im Haus des Kaufmanns Hillebrand Billi ist alles noch so, wie es war, als der kaiserliche **Mathematiker und Astronom Johannes Kepler** hier am 15. November 1630 im Alter von 58 Jahren starb. Man muss kein Wissenschaftler sein, um in diese Atmosphäre einzutauchen. Außerdem im Kepler-Gedächtnishaus: Schriftstücke und Briefe, **optisches und astronomisches Gerät** sowie die **Original-Ausgaben keplerscher Werke**. *(Keplerstraße 5, Tel. 09 41/5 07 34 42, geöffnet: 1. Apr.-31. Okt. Di-So 10-12 und 14-18 Uhr, Führungen: 10, 11, 14 und 15 Uhr; 1. Nov.-31. März Di-Sa 10-12 und 14-18 Uhr, Führungen: 10, 11, 14 und 15 Uhr; Sonn- u. Feiertage 10-12 Uhr, Führungen: 10, 11 Uhr)*

**8 Schifffahrten**
Halbtagesausflüge mit dem Schiff: donauaufwärts **zur Kelheimer Befreiungshalle**, donauabwärts **zur Walhalla**. *(Schifffahrtsunternehmen Klinger GmbH, Werftstr. 8, alle Abfahrten ab Steinerne Brücke, Tel. 09 41/5 21 04, 5 53 59)*

**9 Schifffahrtsmuseum**
Der letzte bayerische **Donau-Raddampfer**, die »Ruthof/Érsekcsanád« (Baujahr 1922) hat einmal in »Sissi« mitgespielt. Heute präsentiert sich das Schiff als **schwimmendes Museum**. Eine Ausstellung dokumentiert die Entwicklung der bayerischen Donau-Schifffahrt. Mit dem **schraubengetriebenen Motorzugschiff »Freudenau«** (Baujahr 1943) zeigt das Museum die ganze Bandbreite historischer Antriebsformen und gibt einen Einblick in das Leben auf den Donau-Schleppern. *(Werftstraße, Donau-Schifffahrts-Museum, Tel. 09 41/5 25 10; geöffnet: April-Okt. tägl. 10-17 Uhr)*

**10 Steinerne Brücke**
Den schönsten **Blick auf Regensburg** hat, wer von Stadtamhof über die Steinerne Brücke auf die Stadt zugeht.

**11 Szene-Kneipen**
Sehen und gesehen werden ist der Regensburger liebstes Vergnügen. **Top-Spots im Sommer**: Besonders beliebt sind die Freisitze im **»Dombrowski«**. *(Brasserie a. Domplatz, Tel. 09 41/5 73 88)* Die Szene geht ins **»Orphée«** *(Kaffeehaus und Restaurant, Untere Bachgasse 8, Tel. 09 41/5 29 77)*, das sich selber als »Aquarium voller bunter Fische« begreift und mit dem Hotel d'Orphée die dazu passende »Individualisten-Herberge« (mit Themenzimmern) offeriert. Ein Tanztempel für die Nacht ist die **»Scala«**. *(Gesandtenstraße 6, Tel. 09 41/5 22 93)*

**12 Walhalla**
Die Walhalla auf dem Bräuberg bei Donaustauf ist ebenso wie die Befreiungshalle bei Kelheim ein **Vermächtnis des Bayern-Königs Ludwig I.**, der sie als würdige Gedenkstätte für berühmte Persönlichkeiten deutscher Sprache errichten ließ. Am 18. Oktober 1842 wurde sie als **»Ruhmestempel« der Deutschen** feierlich eingeweiht. *(Öffnungszeiten: Apr.-Sept. tägl. 9-17.45 Uhr; Okt. tägl. 9-16.45 Uhr; Nov.-März tägl. 10-11.45 und 13-15.45 Uhr)*

**Weitere Informationen**
Tourist-Information im Alten Rathaus, Tel. 09 41/5 07 44 10, Fax 5 07 44 19; geöffnet: Mo-Fr 8.30-18, Sa 9-16 Uhr, Sonn- u. Feiertage April-Okt. 9.30-16 Uhr u. Nov.-März 9.30-14.30 Uhr.

***Die Kapelle Maria Läng ist die beliebteste Kirche der Regensburger.***

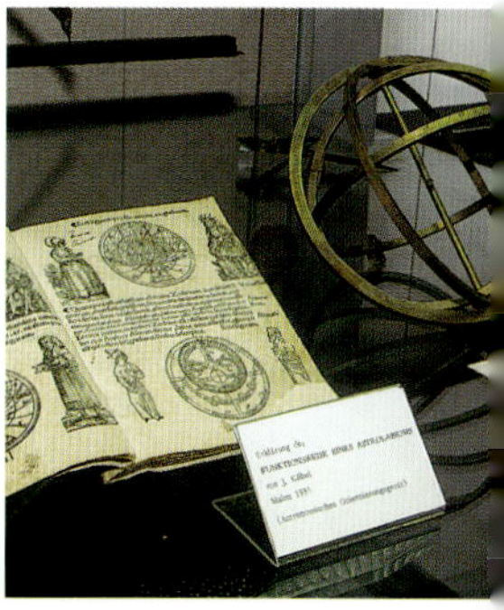

***Das Handwerkszeug des Astronomen im Kepler-Gedächtnishaus.***

**1 12**
*Diese Nummern (1–12) sind Positionsangaben und beziehen sich auf die Karte Seite 2–3*

# CHRONIK DER STADT REGENSBURG

**um 500 v. Chr.** Landnahme durch die Kelten.

**um 90 n. Chr.** Die Römer stationieren einen Heeresverband in Kumpfmühl.

***Spuren aus der Römerzeit sind in der Altstadt allgegenwärtig.***

**179** Die III. Legion bezieht das von Kaiser Marc Aurel gegründete Lager »Castra Regina«, einen vorgeschobenen Grenzposten im Donaubogen.

**550** Castra Regina wird »Reganespurc«, Residenzstadt der bajuwarischen Agilolfinger.

**739** Der hl. Bonifatius gründet das Bistum Regensburg, eines der größten und traditionsreichsten in Bayern.

**788 – 911** Kaiser Karl der Große ruft zur Reichsversammlung. Der Bayernherzog Tassilo III. wird abgesetzt, die Stadt wird Königsstadt der Karolinger.

**1135 – 46** Bau der Steinernen Brücke. Reiche Bürgerfamilien, die Patrizier, gewinnen Einfluss auf die Stadtpolitik.

**um 1250** Das zweite große Prestigeobjekt, der gotische Dom, wird in Angriff genommen.

**1300** Nach der zweiten Stadterweiterung reicht die Stadt vom Prebunntor (im Westen) bis zum Ostentor (im Osten). Die Umrisse von damals sind im »Alleengürtel« abgebildet.

**1514** Der Dombaumeister Roritzer und der Bildschnitzer Loy besteigen das Schafott. Das Zeitalter der Patrizier ist zu Ende.

**1519** Religiöse Fanatiker rufen zum Pogrom: In der Judenstadt bleibt kein Stein auf dem andern, die Juden werden nach jahrhundertelanger, friedvoller Koexistenz aus der Stadt gejagt.

**1541** Ein Religionsgespräch zwischen Katholiken und Protestanten, angeregt von Kaiser Karl V. zur Einigung der Konfessionen, scheitert.

**1542** Das bürgerlich-städtische Regensburg bekennt sich zur Reformation, bleibt aber trotzdem Bischofsstadt.

***»Das Gebet auf dem Ölberg«: Ein Relief im Domgarten.***

**1546** Kaiser Karl V. trifft die Bürgerstochter Barbara Blomberg. Der 1547 geborene gemeinsame Sohn, Don Juan d'Austria, geht als Held der Seeschlacht von Lepanto und »Retter des Abendlandes« vor den Türken in die Geschichte ein.

**1630** Der ehemals kaiserliche Hofmathematiker und Astronom Johannes Kepler stirbt in Regensburg.
Der Reichstag entlässt Wallenstein als Feldherrn der Katholischen Partei im Dreißigjährigen Krieg.

**1663 – 1806** Weil sich der Reichstag wegen einiger unbereinigter Streitfragen nicht mehr auflösen kann, wird aus der vom Kaiser ausgeschriebenen Versammlung ein »Immerwährender Reichstag«.

**1748** Die Thurn und Taxis übernehmen das Amt des Prinzipalkommissars, also des Vertreters des Kaisers beim Reichstag, und werden in Regensburg ansässig.

**1803 – 1810** Napoleon macht aus der Freien Reichsstadt ein Fürstentum für den Reichserzkanzler und Fürstprimas von Deutschland, Carl von Dalberg.

**1806** Das »Heilige Römische Reich Deutscher Nation« wird in Regensburg aufgelöst.

**1809** Regensburg brennt: Die Truppen Napoleons haben es sturmreif geschossen.

**1810** Regensburg kommt an Bayern.

**1945** Auf Befehl der NS-Gauleitung werden der zweite und der elfte Pfeiler der Steinernen Brücke gesprengt. Bis auf vereinzelte Bombenschäden übersteht das historische Altstadt-Ensemble den Zweiten Weltkrieg unversehrt.

**1957** Das Unternehmen Altstadt-Sanierung beginnt.

**1965** Der Grundstein für die vierte Landesuniversität wird gelegt.

**1992** Der Rhein-Main-Donau-Kanal ist durchgehend befahrbar.

**1995** Archäologen stoßen bei Grabungsarbeiten in der Judenstadt auf die Überreste der gotischen Synagoge und ihres romanischen Vorgängerbaus.

**1997** Die Steinerne Brücke wird nach einem Bürgerbegehren für den Autoverkehr gesperrt.

***Oben: Das Kepler-Denkmal in der Bahnhofsallee (links), die heilige Hemma in St. Emmeram (rechts), darunter der Gesandten-Friedhof.***

***Der Regensburger Hafen ist das Tor zum Osten.***

***Die Steinerne Brücke ist heute für den Autoverkehr gesperrt.***

# REGISTER

A B C D E F G H I
J K L M N O P Q R
S T U V W X Y Z

# Orts- und Nachbarortsverkehr Regensburg

**gültig ab 24.05.1998**



RVV So fährt man heute: Regensburger Verkehrsverbund

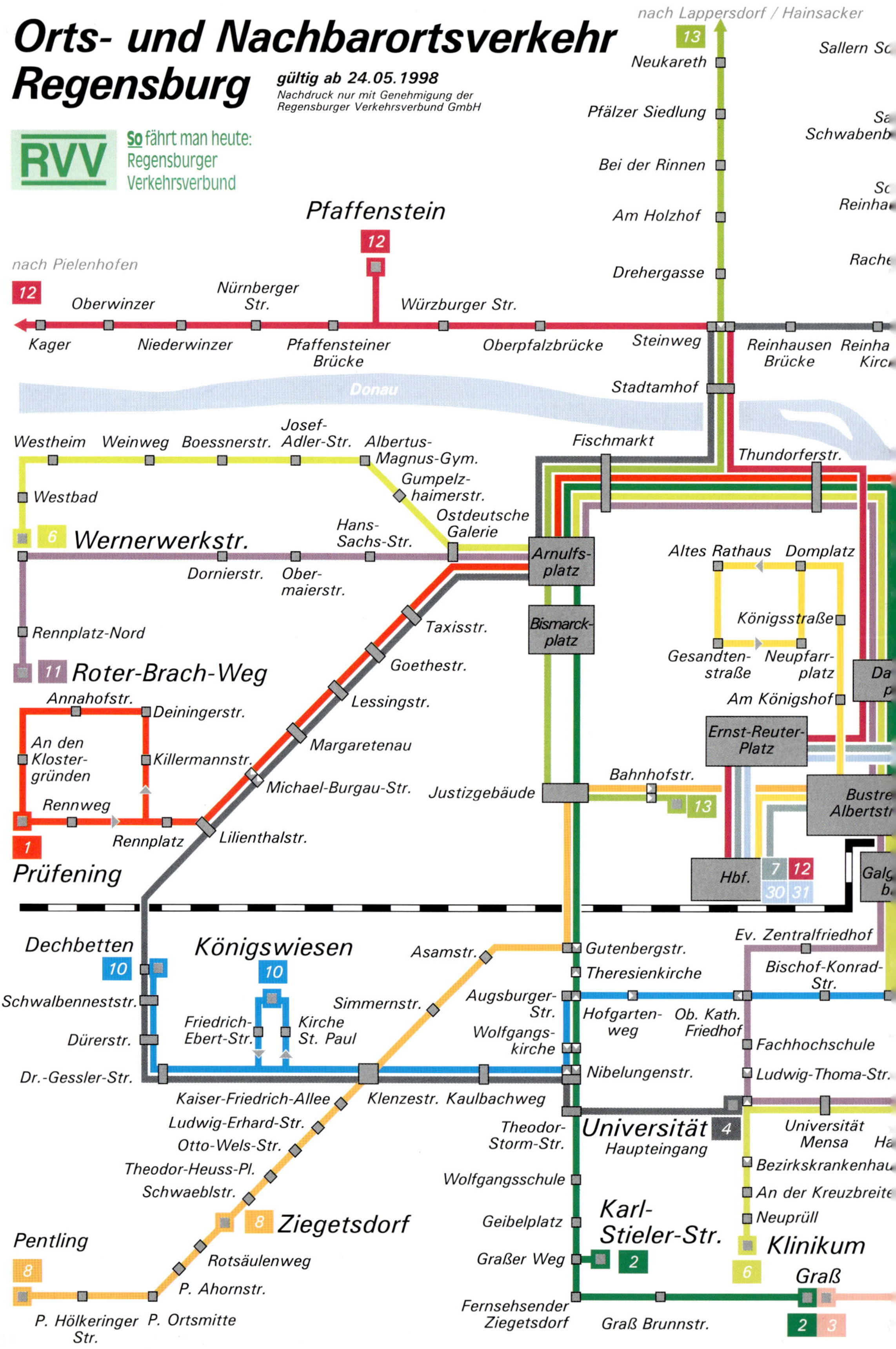